AF192087

Resonemang om själen

"Psýko Lógos"

Staffan Garpebring

Förlag: BoD · Books on Demand, Östermalmstorg 1, 114
42 Stockholm, Sverige, bod@bod.se
Tryck: Libri Plureos GmbH, Friedensallee 273, 22763
Hamburg, Tyskland

ISBN: 978-91-8097-043-3

En psykologisk ram och analysmodell

Staffan Garpebring

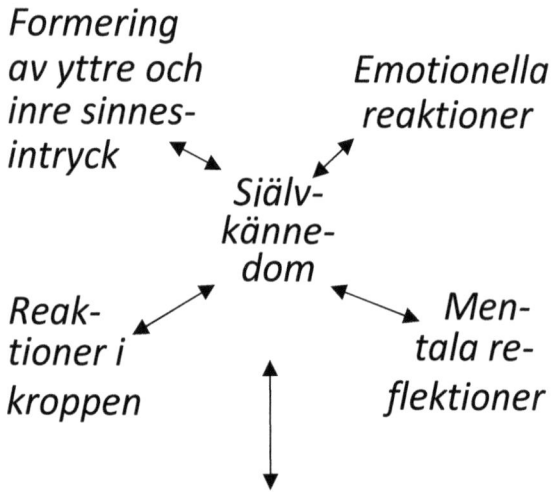

Formering av yttre och inre sinnes-intryck

Emotionella reaktioner

Själv-känne-dom

Reak-tioner i kroppen

Men-tala re-flektioner

"Agens" genom fokusering. Agerande, pratande, tonfall, kropps-språk och mimik som påverkar den själsliga dynamiken, både i egna och andras själv-upplevelser

Ordet agens har både psykologisk och social betydelse. Det handlar om makt att hantera sitt liv. Agens kommer från latinets a'gens, med betydelsen *handlande, verkande*.

Uttrycken *jag är, sätta i gång* och *handla* kan härledas ur det latinska ordet a'go.

Inom ramen för min psykologiska modell handlar ordet agens om förmåga att agera fokuserat, i motsats till att vara hjälplös.

Det handlar om frihet att kunna vara sig själv med ansvarstagande för sin egen existens, med ansvar för sin egen hälsa.

Agens i sociala sammanhang handlar om social kompetens att kunna agera och trivas i den kultur man befinner sig.

Innehållsförteckning

Denna bok är inte en akademisk avhandling utan en reflekterande fackbok för en bred publik.

Eftersom jag blivit pensionär kan jag välja vad jag vill ägna mina dagar åt. Jag kan välja att spela på mina musikinstrument när jag har lust, eller skriva om min psykoedukativa rammodell om jag vill.

Våra själar formas olika därför att vi föds som olika individer som var och en upplever livet på sitt eget unika sätt.

Jag strukturerade under åren som praktiserande psykolog analysramen FRAMES, en rammodell som representerar sju variabla psykologiska parametrar.

Det blev min psykologiska analysmodell som växte fram utifrån Brunswiks linsmodell, som visar ett sätt att beskriva slutledningsbeteenden.

Jag lärde mig om linsmodellen under min avbrutna forskarutbildning vid psykologiska institutionen i Umeå.

Med hjälp av statistisk faktoranalys ägnade vi oss åt grundforskning om slutledningsprocesser.

Senare, i mina samtal med högstadieelever behövde jag visuellt gestalta elevers berättelser på en whiteboardtavla. På så sätt kunde jag bekräfta och analysera min klients problem.

Och vi kunde resonera om de psykologiska faktorer som jag har beskrivit i mina böcker om FRAMES-modellen.

Noteringarna hamnade på olika plats på whiteboardtavlan och följde klientens berättelse.

Under åren som psykolog på en ungdomsmottagning och därefter på en vårdcentral fördjupades min förståelse för dynamiken i våra själar.

I böckerna om den framväxande rammodellen har jag sorterat och placerat de psykologiska parametrarna enligt placeringarna på första uppslaget i denna bok.

Den blev en visuell mindmap som underlättade för mig att minnas helheten i rammodellen.

Fokus i samtalen kunde gälla vad eleven särskilt brukade lägga märke till, hur kroppen brukade reagera, hur eleven brukade agera och tänka, samt de känslor som brukade överväldiga.

Förord

Den österrikiske neurologen och läkaren Sigmund Freud skapade runt sekelskiftet 1900 en analysram för sina resonerande patientsamtal om själen. Han etablerade tolkningsramar för att analysera sina klienters själar bl.a. med de abstrakta begreppen "jaget", "detet" och "överjaget".

Som namn på vetenskapen om själen valde han de grekiska orden för resonemang om själen "psýkhō" och "lógos".

Under min utbildning till psykolog på 1970-talet använde lärarna, så vitt jag minns, aldrig det svenska ordet *själen* eller det engelska *the soul*.

Bland KBT-psykologer tycks vi än idag undvika det forngrekiska ordet för själen *psýkhé* besläktat med *psýkhō*, i betydelsen andas och ande.

Jag kan föreställa mig att när greker i forntiden såg hur deras föräldrar dog och slutade andas så föreställde de sig, och hoppades på att få återförenas med de avlidna när de själva till slut skulle dö och sluta andas.

Jag kan också föreställa mig att forntida greker tänkte sig att anden kunde gå upp i den omgivande atmosfären ända upp i himlen.

I litteratur och teologi är själen ett centralt begrepp.

Filosofen Descartes ansåg att själen avdelas och lämnar kroppen när vi dör. Det kan förklara försiktigheten inom psykologin att använda den teologiska termen *själen*.

Många grekiska gudanamn, Theódora, Theóphania, Theóphano och Theóxena börjar med Theó.

Teologi handlar om människans resonerande om abstrakta gudsgestalter. Psykologi handlar om människans abstrakta begrepp om sin kropp och själ.

Många psykologer har sedan Freuds tid bidragit till ökad kunskap om människans psyke.

Ordet religion kommer av latinets *religio* som betyder känsla för rätt och fel, känsla för moraliska skyldigheter.

Religion handlar om kollektiva abstrakta ideal om ett gott samhälle. Politik handlar också om kollektiva abstrakta ideal om ett gott samhälle.

På så sätt är religion nära besläktat med politiska ideologier. De lagar som fastställs av nutida politiska ledare har utvecklats mycket jämfört med de lagar som fastställdes för tusentals år sedan.

Både religiös och politisk tro innebär visioner om framtiden. Religiös tro bygger på föreställningar om ett liv efter döden och politisk tro på föreställningar om en eftersträvansvärd framtid i ett politiskt system.

Problemet med såväl politisk som religiös extremism är att båda handlar om abstrakta begreppsvärldar.

Det gör det svårt att kommunicera mellan oss människor om kritiska frågeställningar som rör religion och politik, vilket ökar risken för polarisering gällande olika religiösa och politiska ideal.

Vetenskaplig positivism ska *inte* bygga på tro utan på sinnesbaserad erfarenhet som olika forskare kan vara överens om, därför att studier gjorts under väldefinierade betingelser som är trovärdiga, logiska och etiska.

Psyket definieras nu bland beteendevetare som tankar, känslor, sinnesförnimmelser, motiv, drifter och behov, även sådana som för tillfället är omedvetna.

Hur formas vår själ? Vilka var våra omvärldsupplevelser under de psykologiskt formande uppväxtåren?

I denna bok vill jag belysa ett psykologiskt fenomen, som i mitt tycke har fått för lite uppmärksamhet i officiella psykologiska teorier under de år jag arbetade som praktiserande psykolog.

Jag syftar på den mänskliga faktorn *känslostyrd varseblivning*, dvs. subjektiv och väljande varseblivning som ibland blir till tunnelseende och lyssnarfilter.

Vi lägger särskilt märke till sådant som väcker starka positiva eller negativa känslor.

Vi väljer gärna, förmedvetet, undermedvetet eller medvetet att lägga märke till sådant som vi tycker om. Vi väljer gärna också bort sådant som vi tycker illa om.

Vi minns därmed lättare sådant som väckt starka känslor.

Fenomenet är avgörande i psykoterapi, både för terapeuter och klienter.

När Sigmund Freud beskrev psykologiska försvarsmekanismer, tänkte han då på försvar mot den omgivande kulturens moraliska påbud?

Eller tänkte han på psykologiskt försvar mot att i kroppen uppleva obehaget att bli riktigt upprörd?

Utöver listan på försvarsmekanismer som nämns av efterföljare till Freud t.ex. förnekande, bortträngning, rationalisering och reaktionsbildning, vill jag lägga till selektiv varseblivning, selektiv perception och selektiv tolkning av sådant som vi ofta fokuserar.

Jag vill betona att det inte bara handlar om hur klienter minns, resonerar och berättar under terapisamtal. Det handlar också om vad vi vanligen fokuserar i vardagen.

Det har genom åren slagit mig att människor kan vara extra intresserade av sådana sinnesintryck som ger positiva känslor och bekräftelse på hur man redan tänker – inte minst om sig själv.

Vi människor har också en tendens att *inte* lägga märke till sådant som vi tycker illa om.

Bortsortering av *misshagliga sinnesintryck* kan ske som ett första steg i en bortträngningsmekanism. Vi kan helt enkelt bli blinda för sådant som vi ogillar. Vi fokuserar också ofta på sådant vi tycker om att uppleva.

Selektiv tolkning är ett psykologiskt försvar mot dåligt mående. Selektiv perception (selektiv varseblivning) ger möjlighet att få sitt rådande tänkande bekräftat (confirmation bias). Våra känslor spelar alltså en central roll i vår psykologi.

Uppfattning om sig själv och omgivningen baseras på sinnesintryck inifrån och sinnesintryck från omgivningen.

Känsloreglerat *tänkande* (kognitiv bias) kan också fungera som en psykologisk försvarsmekanism, dvs. tänkande som regleras och prioriteras av *känslor*.

Massmedias rapportering om vad som händer i världen kan präglas av *redaktörernas* selektiva varseblivning.

Många klienter som kom till mig för samtal hade problem med panikångest.

Ångest – på grund av vad?

Något inombords?

På grund av något i omvärlden?

Allt som oftast uppfattade jag hos mina klienter en *ömsesidighet* mellan det som skedde inombords i min klient och dennes livssituation.

För att resonera om detta med min klient behövde jag skapa en tillitsfull arbetsallians. Det är en absolut förutsättning för att klienten ska ansvara för att arbeta med sig själv och kunna ta sig ur sina svårigheter.

FRAMES som RAM för analys av psyket

Individens *tolkning* *av och förståelse för det som händer i livet kan vara korrekt, men det kan också vara ett omedvetet försvar mot negativa känslor.*

Selektiv varseblivning och väljande kognitiv bias kan påverka hela systemet av tänkande, agerande och känslor.

Ångest och fobier kan förstärkas av selektiv varseblivning, selektivt tänkande och selektivt agerande.

Oro i kroppen kan förstärka fokusering på oroande sinnesintryck och oroande tankar.

Denna FRAMES-mekanism kan förklara huruvida vi känner trygghet och tillit eller upplever oroande tankefällor.

Jag behövde hjälpa mina klienter att känna frihet att utveckla nya fokus, utveckla nya sätt att bli varse det som sker i omgivningen och det som sker inombords.

Mina uppföljande frågor under våra resonemang kunde successivt öppna för nya perspektiv.

Som exempel på undervisning (psykoedukation) inom ramen för FRAMES-terapi kan jag nämna information om diafragmaandning och praktiska andningsövningar.

Långsam diafragmaandning är en grundläggande färdighet för att förebygga respiratorisk alkalos. Kort snabb bröstkorgsandning är vanlig vid panikattacker.

Människans varseblivning av omvärlden och känslor i sin kropp är grundläggande i en persons medvetande.

Syn, hörsel, lukt, smak, fysisk beröring och kramar – samt inre sinnen som balanssinne, muskelsinne, magkänsla, mättnad, hunger eller sexuell tillfredsställelse påverkar en människas varseblivning av sig själv och omvärlden.

Detta är en fjärde bok i en sammanhållen serie om rammodellen.

Den första boken i serien var – *Vetande om sig själv, och om psykologi som vetenskap.*

Den andra boken var – *En teori om själen*.

Den tredje boken – *Mysteriet med medvetande* – var en uppdatering av *En teori om själen* mot bakgrund av den motsättning som genom åren har funnits mellan subjektiv psykologi och positivistiskt vetenskaplig psykologi.

Orsak och verkan samband

Om man lider av hissfobi minns man händelse-förlopp när man p.g.a. fobin kan ha blivit spänd i kroppen, fått ökad hjärtklappning och hyper-ventilation.

När man återigen står framför en hiss kan samma sak hända i kroppen: Ökad hjärtklappning och hyperventilation (inre varseblivning av kroppen)

Därmed har ett orsak och verkan samband mellan varseblivning av hissen och ångestkänslor i kroppen bekräftats.

Flyktbeteendet kan alltså ha aktiverats redan på varseblivningsnivå dvs. reflexmässig sensomotorisk nivå, innan man hunnit tänka efter.

Individens tolkning av händelseförloppet har fungerat som förstärkning av hissfobin beroende på att individen tolkar sina sinnesintryck fobiskt.

21

FRAMES-modellen kan förklara permanentande av fobiska tankefällor pga. selektiv perception följt av reflexmässigt fobiskt agerande.

För att "gå i mål" med att bota en hissfobi behöver klienten, kanske i pågående dialog med mig, och många gånger på egen hand, utsätta sig för den yttre och inre stressande varseblivning som aktiveras när klienten verkligen åker hiss

Klienten kan nu vänja sig vid att tänka efter och lugna sig.

Att lära sig att *reglera sig själv* är centralt vid vilken fobi som helst, även social fobi.

I många stycken är innehållet i denna bok identisk med textmassan i den tredje boken *Mysteriet med medvetande*.

Mitt skrivande har varit en del i min personliga utveckling för att förstå mig själv.

Jag skriver också för att förklara rammodellen för andra yrkesverksamma inom psykisk hälsovård.

Jag hoppas att alla som är intresserade av min tolkningsram för att förstå sig själv kan ha nytta av boken.

Under de år som jag skrivit böcker som bygger på rammodellen har jag fått frågor som "vem skriver du för" och ibland förundrat "vad *håller* du på med"?

Jag har haft svårt att svara på den första frågan (vem jag skriver för) men har nu kommit fram till att jag framför allt har skrivit för min egen skull, för min egen själsliga utveckling.

Svaret på frågan "vad *håller* du på med" fick jag av en god vän. Han frågade: "Får jag säga vad jag tror?" Javisst.

"Du håller på därför att du är nyfiken."

I mitt arbete som psykolog vid Sveriges första ungdomsmottagning mötte jag ungdomar som led av panikattacker. Det ledde till att jag skapade den teoretiska tolkningsramen *FRAMES* som innefattar selektiv varseblivning och det autonoma nerv-systemet i kroppen.

När jag sedan år 2004 skrivit böcker om modellen har mitt skrivande fungerat som en brygga i min egen själsliga utveckling mellan uppväxande gamla jag till mognande befriade jag.

Jag studerade till psykolog i Umeå i en positivistisk vetenskaplig idétradition.

I Dalarna, dit jag till slut flyttade, var de flesta psykologer på den tiden mest intresserade av objektrelationsteorin samtidigt som jag själv var mest intresserad av hur jag kunde tolka mina och mina klienters upplevelser med hjälp av Brunswiks linsmodell (se sidan 31).

Vad beror sociala händelseförlopp på? Jag ville göra konsekvensanalyser ur betraktarens perspektiv.

Det blev lyckosamt för min egen personliga utveckling och min utveckling som psykolog att jag läste sociologi och pedagogik före psykologi.

Den fråga som legat bakom min nyfikenhet har varit – *vad kan finnas bortom det som synes vara.*

När jag skulle börja studera vid universitetet hade jag tänkt läsa till gymnasielärare i samhällskunskap och historia. Jag valde sociologi som första ämne, på inrådan av en äldre bror.

Jag har nu förstått att jag i mitt liv ofta tagit en betraktares roll i det som hänt mig.

Eftersom jag själv tar en betraktares roll i grupp-sammanhang kan jag lätt förstå om andra också upplever sig som betraktare i olika sociala händelseförlopp.

Inledning

Att förstå människan genom flera perspektiv

Redan under antiken beskrev Aristoteles hur människor övertygas genom tre grundprinciper: ethos (trovärdighet), logos (logik), och pathos (känsla). Dessa principer kan även inspirera dagens psykologiska tänkande.

I analogi med begreppet psycho-logos (läran om själen), kan vi tala om psycho-ethos som människans moraliska kompass och psycho-pathos som själslivets känslomässiga reglering.

Psykologin rörde sig under mina studieår i Umeå mot ett mer positivistiskt vetenskapsideal, där kunskap skulle baseras på mätbara, sinnes-grundade observationer som kunde bekräftas genom upprepade experiment.

Statistisk signifikans för en psykologisk behand-lingsmetod säger inte alltid något om den enskilda individens upplevelse eller utveckling. Ett psyko-logiskt behandlingsresultat som är statistiskt signifikant på gruppnivå, kan alltså ha fungerat mycket olika för olika individer.

Ett tydligt exempel minns jag från en workshop hos Bo von Scheele (Stressmedicin), där han visade ett diagram med individuella tillfrisknandekurvor.

Varje linje hade sin egen färg, och det blev direkt tydligt hur olika varje persons återhämtningsprocess såg ut.

Det blev en ögonöppnare för mig och förstärkte min uppfattning att psykologisk behandling måste förstås på individnivå.

Den forskning som jag deltog i vid den psykologiska institutionen i Umeå handlade om försökspersonernas *sannolikhetsbedömningar*, uttryckta med statistiska mått.

Enligt den vetenskapliga positivismen ska vetenskap bygga på forskares sinnesbaserade erfarenhet som går att mäta och därmed också bekräfta av andra forskare som upprepar studierna.

Inom medicinsk forskning tillskrivs evidens *på gruppnivå* avgörande betydelse. Med andra ord att tillräckligt många individer i tillräckligt många studier visat sig reagera positivt på en medicinsk behandling.

Ett problem med det är att ju större grupp som ingår i en vetenskaplig studie desto lättare uppstår statistisk signifikans för behandlingens effektivitet.

Statistisk evidens på gruppnivå för en psykologisk metod säger inte så mycket om det sätt som individen tillfrisknar på.

Evidens på individnivå är något helt annat. Man behöver lära känna klienterna ordentligt och resonera om hur terapin har fungerat. Därmed också bekräfta både klienters och forskares "beprövade erfarenhet".

Alla individer är fysiologiskt, psykologiskt och sociologiskt unika.

Jag började arbeta som skolpsykolog utan att ha slutfört forskarutbildningen vid den psykologiska institutionen.

Min psykologlegitimation blev klar 1975.

När min fru bytte läkarförordnanden på olika orter i Norrland flyttade jag med och tog nya anställningar.

Det innebar att jag kom att forska inom psykologin på ett sätt som passade mig och min framväxande förståelse för själsliga fenomen.

2004 gav jag ut min första bok om rammodellen.

Tolkningsramen FRAMES är en tillämpning av den abstrakta linsmodell för tolkning av upplevda

29

fenomen som Brunswik skapat (se modellen på motstående sida).

Jag tänkte helt enkelt att fenomen som diskuteras i KBT-sammanhang skulle kunna sammanställas som en dynamisk helhet. Det gällde bara att komma på en enkel akronym som stöd för minnet.

(En akronym består av första bokstäverna i flera begrepp som tillsammans bildar ett sammanfattande begrepp).

Min FRAMES-modell växte successivt fram inom de arbetsplatser jag sedan arbetade.

Skolhälsovård; ungdomsmottagning; barn- och ungdomspsykiatri, barn- och ungdomshabilitering och vårdcentral.

Den enda studie som finns av rammodellens effektivitet är den tillämpning jag själv gjort i mitt arbete. Den har fungerat bra för mig. Jag hoppas att fler terapeuter väljer att pröva referensramen.

En central tanke följde mig under alla de år jag arbetade som psykolog var att vi *upplever livet genom selektiv varseblivning och selektiv tolkning.*

När tiden går kan uppfattningar av det vi lägger märke till samt påföljande tankar automatiseras i återkommande associationsbanor i hjärnan.

Vad hamnar i förgrunden i vår tolkning och vad hamnar i bakgrunden?

Exempel på psykologiskt intressanta fenomen i min tillämpning av Brunswiks linsmodell kunde vara kroppsliga fenomen eller relationsproblem.

Kunskap om kroppsliga fenomen kan innefatta neurologisk kunskap, endokrinologi, farmakologi, näringslära, kunskap om sömn, kost och motion m.m.

Brunswiks linsmodell:

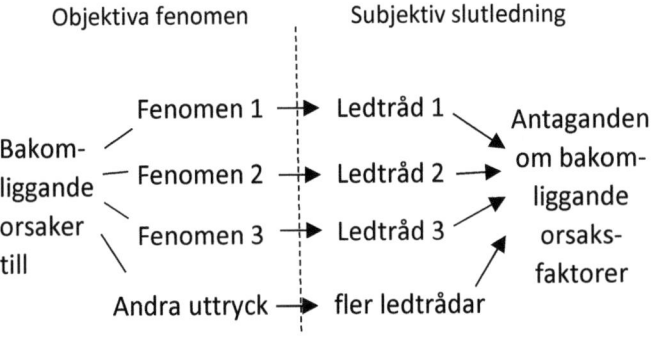

Brunswiks linsmodell visar möjligheter att välja fenomen som vi vill fokusera, vare sig det handlar om fenomen i omvärlden eller kroppsliga fenomen.

31

Jag har många gånger upplevt ett filter, ett svår-genomträngligt kommunikationshinder mellan mig och människor jag möter när jag pratat om väljande uppmärksamhet på grund av vår figur-mot-bak-grund-selektivitet.

Det uppstår lätt missförstånd när vi pratar om psykologiska fenomen, till exempel dubbeltydiga uttryck, som "att vara stressad". Det kan både betyda att något i omgivningen stressar eller att man upplever stress i sin kropp.

Som ledtrådar om en annan persons själ brukar jag registrera vad den personen lägger märke till om sig själv och om omgivningen (**F**),

hur kroppsligt pigg och balanserad den personen ser ut att vara (**R**),

hur den personen agerar (**A**),

hur den personen resonerar (**M**)

och vilka känslor den personen ger uttryck för (**E**).

<u>Alla</u> ledtrådarna påverkar vilka slutsatser jag drar om andra personer, hur jag uppfattar den andra personens själ.

F = Formering av yttre och inre sinnesintryck

R = Reaktioner i kroppen (neurologi & endokrinologi)

A = Agerande

M = Mentala reflektioner

E = Emotioner

S = Sig själv som social varelse

Mötet mellan mig och andra personer innefattar både min uppfattning av den andre och den andres uppfattning om mig.

Alla människor har selektiv varseblivning som en av variablerna i sitt psyke. Därför är det så viktigt med medvetenhet om sin egen selektivitet.

Jag kommer ihåg en episod när en lärare berättade om en elev som inte gjorde som hon blev tillsagd.

Jag sa "hon kanske var stressad".

Hans gensvar blev "Håh! Stressad? Hon?"

Jag förstod att läraren och jag missförstod varandra. Jag tänkte på att hon kanske blev stressad av att hon inte förstod.

Jag förstod också att han tolkade mig som att jag påstod att han gav för svåra uppgifter och tolkade det som en anklagelse mot honom.

Selektiv perception kan leda till snedvridna tolkningar av det som sägs.

Familjerelationer, parrelationer, relationer på arbetsplatser och i politik kan vara mer eller mindre konfliktfyllda pga. olika selektiva sätt att uppfattar samma händelseförlopp.

Konflikterna kan bero på intressemotsättningar, men också präglas av att parterna inte förstår varandra.

Fördomar, som ofta bygger på projektiv identifikation, (se sid. 57) kan både förvirra uppfattningen om sig själv och upplevelsen av andra människor.

Fördomar kan orsaka intolerans mot de personer eller grupper som är måltavla för fördomarna exempelvis beroende på religion, etnicitet, politisk ideologi, könsidentitet, åsikter eller värderingar.

Reframing – att se med nya ögon

Rammodellen beskriver människans psykologi som en helhet.

Alla faktorerna utvecklas under livets gång. Varje faktor för sig liksom balans och dynamik mellan faktorerna.

Kroppens fysiologi, dess tillväxt och hormonella förändringar driver på dynamiken. Rammodellen är en psykodynamisk modell där alla variablerna påverkar varandra.

F = Formering av yttre och inre sinnesintryck

R = Reaktioner i kroppen (neurologi & endokrinologi)

A = Agerande

M = Mentala reflektioner

E = Emotioner

S = Sig själv som social varelse

Om man mår kroppsligt och/eller själsligt dåligt kan förklaringen sökas i någon eller flera av faktorerna ovan. Sannolikt i samspelet mellan faktorerna.

Den starkaste variabeln för förändring av hela systemet är agerandevariabeln. Om man väljer ett alternativt agerande istället för att agera i samma banor hela tiden kommer sinnesintrycken att ändras.

Tänkandet har också avgörande inflytande på helheten, särskilt om tankebanorna blivit till vanor som automatiserats.

Om man ändrar kost kommer fysiologin att ändras.

Om man tänker i nya banor kommer mentala reflektioner och varseblivning att ändras.

Om man agerar annorlunda kommer känslolivet att ändras.

———————

Här kommer ett exempel på analys av skolfobi och triangulerande samspel mellan ramfaktorerna.

Jag vill förtydliga att helhetsdynamiken i ramen handlar om dynamik mellan varje faktor i relation till varje annan ramfaktor.

Figuren på nästa sida är en begränsad del av helheten i rammodellen.

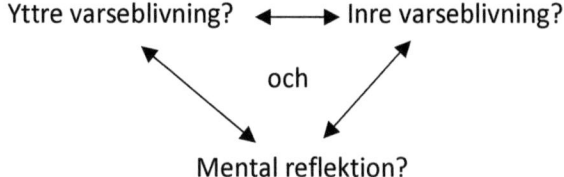

En högstadieelev, som hade varit hemmasittare flera veckor, ville stålsätta sig för att börja gå till skolan igen.

Elevens problem var att hans flyktreflexer (stressrelexer) aktiverades vid enbart tanken på att gå till sitt klassrum. Hans inre varseblivning (interoception och proprioception) signalerade hot.

Hans yttre varseblivning av hot var, enligt mitt sätt att tolka Pavlovs syn på problemet, att klassrummet i sig var betingat till erfarenheter av förhöjd hjärtklappning, hyperventilation och spända muskler. Jag frågade om han valde att fokusera inåt i kroppen, eller om han fokuserade något i klassrummet. Därefter specificerade jag mina frågor.

Fokuserar du på klasskamrater, läraren eller något annat?

Fokuserar du på dig själv och i så fall på vad?

Av hans svar förstod jag att hans fokus fladdrade hit och dit.

Han kunde alltså inte fokusera, varken på något i klassrummet eller något inombords.

Ångest innebär ofokuserad rädsla.

Vårt resonerande om fokusering hjälpte honom att finna sin fokusering.

Hur hanterade han den växlande dynamiken mellan fokus och bakgrund? Kunde han själv styra sin fokusering?

Det blev hans arbetspunkt innan han klarade av att återgå till skolundervisningen.

———

Våra sinnesintryck kan innefatta så mycket. De yttre sinnena handlar t.ex. om syn, hörsel, huden, dofter, temperatur.

Sinnesintryck inifrån kroppen kan innefatta muskelspänning, darrningar, svettningar, ont i magen.

F-faktorn:
> Formering av yttre och inre sinnesintryck

Vi människor har liksom andra djur ett reflexsystem som är viktigt för vår överlevnad. Det är inbyggt i kroppen och ligger bakom det mesta i vår själ.

Det kan förklara en hel del om varseblivning, behov, beteende, fokusering och känslor.

Anledningen till att hotande yttre sinnesintryck får företräde i hjärnstrukturen amygdala är att det har varit en fördel för människosläktets överlevnad att i farliga miljöer prioritera överlevnad före lugn och ro.

Det handlar om hur det autonoma (självständiga) nervsystemet samspelar med det centrala nervsystemet. Med andra ord, hur sinnesintryck, mental reflektion och agerande påverkas av autonoma kroppsliga regleringar i balanserande jämviktsmekanismer.

39

I beskrivningar av det autonoma systemet har psykologer hittills i första hand beskrivit de två funktionerna lugn och ro systemet samt kamp och flykt systemet.

Den amerikanske forskaren Dr. Stephen Porges har i sin *poly vagal theory* påvisat hur vagusnervens divergerande funktioner har haft olika betydelser under mänsklighetens evolution.

Kroppens äldsta ryggförgrening motsvarar ödlornas förmåga att agera som om de vore döda vid extrem fara för livet.

Vagusnervens bukorienterade förgrening har hjälpt människor att försvara sig mot angrepp och att reglera de inre organens funktion när kroppen är i beredskapsläge, dvs. är i förväntan om att bli attackerad. Det kan också förklara dysfunktion i matsmältningsorganen vid otrygghet och lugn I kroppen vid matsmältning.

Vagusnervens förgrening till ansiktet kan förklara mimik och kroppsspråk i människans behov av trygg kroppskontakt och socialt engagemang.

Poly vagal theory kastar nytt ljus över tidiga trauman och hur toxisk skam kan orsakas av brist på kroppslig trygghet och anknytning.

R-faktorn: | Reaktioner i kroppen (vår fysiologi)

Min klient hade stålsatt sig för att för att försöka komma tillbaka till skolan. Det innebar att han var i kampläge (förhöjt sympatikuspåslag), med spända muskler, bröstkorgsandning och ökad hjärtklappning.

Han behövde slappna av för att klara att gå till sitt klassrum.

A-faktorn: | Agens

Kognitiv beteendeterapi har visat att agerande, även om det kan kännas oroande, är effektivt för reframing.

Nya sinnesupplevelser väcks. Upplevelser av reducerade stressreaktioner och lugnare tankar kan utvecklas.

En konsekvens av att han faktiskt prövade att gå till skolan blev att han kunde börja tänka på ett nytt sätt.

M-faktorn:
> Mentala reflektioner

Hans förväntansångest blev lättare att hantera när han blev medveten om helhetsupplevelsen av sig själv.

E-faktorn:
> Emotioner

Tillfredsställelse över sig själv.

S-faktorn:
> Sig själv = Upplevelser av
> sin egen existens (sin själ)

De formande åren under min egen uppväxt innebar brist på närhet pga. familjens situation under de åren.

Kroppens gensvar på närhetsbrist under uppväxten programmerade troligen min kropp till kommande skamkänslor.

Med andra ord, vi behöver räkna med det autonoma nervsystemets viktiga funktion att reglera vår tillvaro mellan trygghet och otrygghet.

Vi behöver lära oss hur sinnessystemet fungerar, bland annat hur vår selektiva varseblivning och selektiva mentala reflektioner påverkas av det autonoma nervsystemet.

Selektiviteten i att *uppmärksamma hot* kan fungera i allians mellan otrygghet och skamkänslor i kroppen.

Det är värt att reflektera över uttrycket "att reta sig" som ju säger att man *retar sig på sig själv* pga. hur vi uppfattar oss själva.

Om jag retar mig på någon specifik egenskap hos en annan person kan det vara värt att reflektera över, huruvisa jag själv också har den egenskapen eller om jag extra mycket förbjuder mig att ha den specifika egenskapen.

Sinnesintryck från syn, hörsel, lukt, smak eller känsel kan rapportera något som hindrar lugn och ro i kroppen.

43

Minnen av olika sinnesintryck kan vara associerade med oro och irritation.

Om kroppen är stressad och själen i övrigt lever med automatiserade negativa tankar och känslor om sig själv kan irriterande episoder, t.ex. hinder i biltrafiken, eller att datorn hänger sig, leda till vredesutbrott.

Ont i magen gör att man kan få svårt att koncentrera sig på annat än att reglera det onda. Man kan bli retlig mot andra.

Om det är upptaget på toaletten när man är kissnödig kan irritationen ligga på lur.

Att bli rädd, arg, orolig d.v.s. att vara upprörd kan bli självgående eftersom det är upprörande att vara upprörd.

Vad det än kan vara som hindrar välbefinnande och trygghet, så behöver det hanteras/regleras.

Att känna sig uppjagad är tecken på sympatikusaktivering med risk för tunnelseende och lyssnarfilter.

Vi behöver finna sätt att fokusera oss själva och reglera uppjagade känslor.

Vid konflikter i nära relationer kan vi lugna oss genom att förklara, att vi behöver lugna oss innan vi fortsätter att reda i konflikten.

Parterapeuterna John och Julie Gottman framhåller vikten att lugna sig innan man möts för att prata om konflikter. Vänlighet och humor fungerar som motgift mot kamppräglade konflikter.

Svårigheter för föräldrar och barn att förstå varandra kan både bero på olikheter i erfarenheter och på olika kognitiv utvecklingsnivå.

Det gör att sannolikheten kan vara rätt stor att man ska ha svårt att förstå varandra över generationsgränser. Selektiviteten i varseblivning och mentala reflektioner kan av lättförståeliga skäl vara så olika.

Kognitiv utveckling – hur vi lär oss förstå världen

Jean Piaget, schweizisk psykolog, filosof, kunskapsteoretiker, biolog och sociolog, har i sin beskrivning av människan kognitiva utveckling visat hur utvecklingsstadierna bygger på varandra. Den tid det tar för varje människa att gå igenom stadierna varierar från individ till individ.

Under de första åren i livet, det sensomotoriska stadiet, fungerar psyket framför allt genom sinnesintryck och kroppsrörelser.

Nästa fem år, det preoperationella stadiet, präglas framför allt av ökad erfarenhet av nya sinnesintryck och ökad motorisk färdighet (assimilation av allt som livet ger).

Nästa fyra år, det konkreta operationella stadiet, präglas av konkreta tankeoperationer, vilket innebär anpassning av tänkandet till hur verkligheten faktiskt fungerar (ackommodation).

Resten av livet präglas av nya övergripande insikter om livet.

Under mina år som skolpsykolog och psykolog på barn-och-ungdomshabiliteringen gjorde jag många utredningar av pojkar och flickor med ADHD och läs- och skrivsvårigheter.

Några elever brottades med båda funktionsnedsättningarna.

På barn-och-ungdomshabiliteringen gjorde jag utredningar av Aspergers syndrom och ledde samtalsgrupper med föräldrar till barn och ungdomar med Aspergers syndrom.

Nu när jag i pensionsåldern, i lugn och ro kan se tillbaka på mitt eget liv kan jag konstatera att jag nog haft både för och nackdelar av lindriga besvär i både koncentrationsförmåga och läslust.

Om man har ADHD (attention deficit hyperaktive disorder) kan man ha låg aktivitet i retikulära aktiveringssystemet i förlängda ryggmärgen.

För att kunna aktivera kognitiva funktioner i övriga delen av hjärnan kan man ha hjälp av motorisk aktivitet som väcker hjärnan.

Jag har i hela mitt liv mått bra av att röra mig. Under årskurserna fyran till sexan brukade jag under vinterhalvåret ställa mig på mina skidor när det ringde till rast och åka runt skolgården varv på varv tills det ringde in.

Det hjälpte mig att tänka klart och lära mig under lektionerna. Det gav mig också en god grundkonditon.

Jag har aldrig tyckt om att läsa, inte heller läxor.

Det är vanligt att personer med läs och skriv-svårigheter (dyslexi) är kreativa och lär sig bäst genom att lyssna koncentrerat på läraren och reflektera över det som sägs.

För mig fungerade det bra på grund av att jag var så fysiskt aktiv under rasterna. På så sätt klarade jag mig genom skolåren.

Jag kan bli rastlös när jag inte är aktiv med något fysiskt, t.ex. sätta på musik som jag kan improvisera till på något av mina musikinstrument.

De båda hjärnhalvorna är bra i olika funktioner. Vänster hjärnhalva är bra på sekvenser av tanke-operationer och höger är bra i dynamiska helhets-bedömningar.

Vänster hjärnhalva är mest aktiv i att processa språkliga och logiska funktioner, och höger hjärnhalva i att processa rumsliga funktioner, melodier, helhet och intuition.

Jag blir mest stressad när jag ska tänka i sekvenser - gör detta först och sedan detta - för jag har lärt mig hur besvärligt det kan bli om jag gör arbets-insatser i fel ordning.

49

Det har blivit mycket bättre med det sedan jag blev pensionär och egentligen har all tid i världen.

Min styrka finns i intuition och varseblivning av helheter.

Det märker jag bl.a. när jag ska improvisera på min gitarr eller på trumpeten mot bakgrund av ackorddynamik från de övriga orkestermedlemmarna.

Jag kunde också märka det i terapisamtal med såväl individer som par eller grupper.

Det var också anledningen till att jag valde fortbildning till gestaltterapeut efter psykologexamen.

Den amerikanske socialpsykologen Lawrence Kohlbergs tänkande var influerat av Jean Piagets teorier om människans kognitiva utvecklingsstadier.

I linje med Piagets tänkande tänkte Kohlberg att det lilla barnets uppfattning om rätt och fel präglas av föräldrarnas omedelbara reaktioner på barnets beteende, irriterat kroppsspråk eller leenden så att barnet kan undvika straff. Detta i självintresse dvs. extern moral. (Sensomotoriska stadiet enl. Piaget).

Så småningom börjar barnet kunna reflektera över om det gör rätt eller fel, men först efter att några år ha reflekterat med "snällt-barn-attityd" (pre-operationella stadiet enl. Piaget).

Runt sju års ålder blir reflektioner över rätt och fel mer medvetna och handlar då om konkreta överväganden knutet till konkreta sakfrågor som har med regler att göra. Sedan förstår barnet att reglerna inte är skrivna i sten utan går att förhandla om (konkreta operationella stadiet/Piaget).

Vid c:a tolv års ålder kan den unge tänka mer principiellt om rätt och fel (formella operationella stadiet enl. Piaget).

Då tänker den unge om rätt och fel på ett mer abstrakt sätt. Kan fundera över vilka avsikter man själv och andra personer har i sitt agerande

Individen kan förhålla sig till de abstrakta principerna för ett gott agerande.

Studier av kultur och normer i samhället är ett ämne för sociologi och har för mig funnits som en bakomliggande faktor i mitt sätt att förstå världen.

I betraktarens ögon

Subjektivt tolkande varseblivning kan illustreras med det påhittade exemplet med de blinda männen som ska undersöka en elefant för att lära sig vad en elefant är.

En av männen känner på snabeln. Aha – en elefant är en slags orm.

En annan av de blinda männen känner på ett av benen. Nej en elefant är inte ett djur. En elefant är ett slags träd.

En tredje man känner på elefantens mage. Men en elefant är ju en vägg!

Eftersom de blinda männen inte i förväg visste vad en elefant är behövde de utgå från det som de redan kände till och skapa en föreställning, en känsla av vad en elefant är.

Herrmann Rorschach utvecklade i början av nittonhundratalet ett personlighetstest, ett så kallat perceptuellt kognitivt personlighetstest som består av en serie bilder med ickeföreställande, symmetriska bläckplumpar, där testpersonen får i uppgift att berätta vad bilderna föreställer. Testet består av tio tavlor med bläckplumpar.

Testpersonen ska titta på figurerna och säga vad han eller hon tycker att de nonfigurativa bilderna ser ut som.

De föreställningar (*percept*) som testpersonen då gestaltar i sitt inre speglar enligt Rorschach sannolikt testpersonens sätt att vanemässigt tänka och känna.

Tanken var att det som testpersonen projicerar på bilderna skulle visa viktiga komponenter i personens personlighet.

Bilderna har använts som stimulusmaterial vid samtal men inte resulterat i tillförlitliga personlighetsteorier.

Dock, både klient och terapeut kan tillskriva den andre personliga egenskaper – alltså fritt fram för ömsesidig projektiv identifikation.

Rorschachtestet skapades före behaviorismen och den positivistiska vetenskapssynen började sitt segertåg inom beteendevetenskaperna.

Jag skapade rammodellen utifrån behavioristisk forskning och Brunswiks linsmodell.

En av mina äldre bröder åkte till Lofoten på skolresa.

När han kom hem berättade han om Svolvaergeita, som såg ut som en get.

Jag fantiserade då om hur berget kunde se ut. Jag gjorde mig en föreställning, en inre gestaltning, av berget.

Häromdagen dök ett Youtube-klipp upp på min TV-skärm om en bilresa på Lofoten.

Eftersom jag hört talas om Svolvaergeita när jag var ung var jag extra uppmärksam på att få se Svolvaergeita bland alla berg på Lofoten.

Jag sökte bland alla förbipasserande bergsryggar för att upptäcka Svolvaergeita.

Det var många bergsprofiler som kunde likna en liggande get sedd från sidan. Men det var först när jag sökte med sökordet *Svolvaergeita* på nätet som jag såg en bild av *geten* sedd framifrån.

Det hela var ett exempel på selektivt sökande utifrån en föreställning om hur det jag sökte skulle se ut.

Sökningar på Youtube är ett annat exempel på hur fördomar och väljande varseblivning kan fungera.

Om jag <u>inte</u> väljer rätt sökord med rätt stavning kanske jag inte heller finner det jag söker. Dessutom, om alltför många reklamsajter får företräde i mina sökningar på nätet kanske jag inte heller finner det jag söker.

Mitt sökande efter Svolvaergeita var ett exempel på hur jag projicierade min föreställning om berget på möjliga bergsprofiler när bilen passerade bergskedjan Lofoten.

Projektiv identifikation är en psykologisk mekanism som gestaltas i många psykosociala sammanhang – på ont och gott.

Om vi projicerar på andra människor någon personlighetsegenskap som vi själva har, riskerar vi att inte se på ett rättvisande sätt.

Konfliktbearbetning kan bli kaotisk med utbyte av kaotiskt förvirrande *du-är-budskap*.

Projektiv identifikation

Spegelneuronerna i hjärnan är nervceller som signalerar när vi rör oss eller om vi ser någon annan göra samma rörelse.

På detta sätt knyts varje människas medvetande ihop med andra människors kroppar och rörelser.

Rammodellen (se översikten på nästa sida) kan hjälpa oss att spegla såväl komplexiteten i omvärlden och komplexiteten i vårt psyke.

I mitt arbete som terapeut på ungdomsmottagningen var det viktigt för mig att belysa sju parametrar som jag ville ha med i min psykoedukativa modell.

Rammodellen som växte fram i mitt huvud och samtidigt på whiteboardtavlan i mitt samtalsrum blev som översikten på nästa sida.

En del ungdomar började våra samtal med "jag vet inte vad jag ska säga".

Jag kanske frågade "vad vill du ha hjälp med"? Eller "vad lägger du märker till – som gör dig upprörd"?

Jag kunde då få svar som "jag vet inte vad jag ska börja med". Efterhand kunde det visa sig att min klient led av ångest och panikattacker, som bl.a. visade sig i spänd kropp och bröstkorgsandning.

Rammodellen blev mitt sätt att strukturera mina intervjuer.

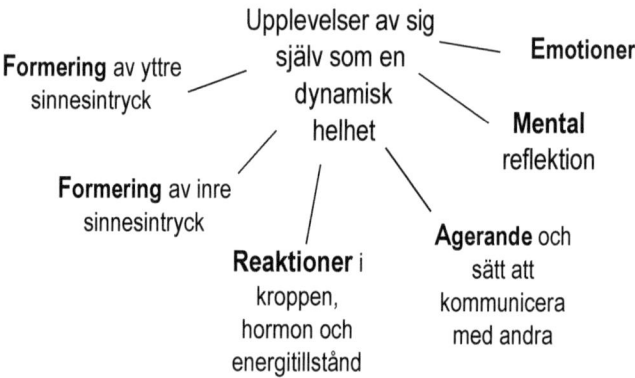

Om samtalet flöt bra kunde det fungera som en dans runt FRAMES-parametrarna.

I vuxen ålder kan en människa i medveten närvaro sortera vad yttre sinnen respektive inre sinnen säger om tillvaron.

Ett nyfött barn kan inte avgöra om obehagskänslor beror på något i omgivningen som t.ex. överraskande och obehagliga ljud, obehagligt ljus, kyla, hetta eller något inne i kroppen t.ex. magknip.

Den som tar hand om barnet behöver tolka barnets reaktioner.

Om barnet vaggas eller lyfts upp kan varseblivningen synkroniseras med vårdarens varseblivning. Barnet upplever en dynamisk, odifferentierad sammanblandning av yttre och inre sinnesintryck.

Med andra ord projektiv identifikation av sig själv i världen.

Inre varseblivning
Yttre varseblivning

outvecklad mental
reflektion

Figuren ovan är mitt sätt att försöka illustrera att det lilla barnets yttre och inre varseblivning vid projektiv identifikation kan flyta ihop.

Projektiv identifikation *utvecklas* och/eller *invecklas* under uppväxtåren.

Samtidigt som varseblivning av individens omgivning, via lukt, smak, syn hörsel och känsel utvecklas och mognar från födseln, mognar också den inre varseblivningen (interoceptionen).

Upplevelser av autonoma reaktioner och upplevelser av inre organ, stimulering av balanssinne och muskelsinne är också i funktion redan från födseln men har inte mognat ännu.

Vårdnadshavare kan hjälpa barnet att tolka och reglera dess upplevelser.

Det är på så sätt intima relationer kan grundläggas.

Föräldrarnas närvaro och nyfikenhet på sitt barn påverkar barnets inställning till framtida anknytning.

Om barnet får hjälp att diskriminera mellan kropps-liga reaktioner, händelser i omgivningen och att tolka samverkan mellan yttre och inre sinnesintryck kan barnet utvecklas mentalt.

perception

interoception

mental reflektion
under utveckling

När barnet kan skilja på inre varseblivning och yttre varseblivning blir livet enklare att förstå.

Projektiv identifikation är en normal anknytnings-process när ett barn har fötts.

Föräldrarna och barnet är del i varandras yttre och inre identitet. I föräldrarnas ögon kan så klart deras baby vara den vackraste babyn i världen.

Alla tre är en del i varandras upplevelser. De svarar på varandras känsloyttringar, tonfall och mimik.

Föräldrarna reglerar barnets behov, leker t.ex. tittutlekar och tröstar vid behov det lilla barnet.

Om jag bygger ihop rammodellen med Brunswiks linsmodell får jag en FRAMES-lins som är en analysmodell om självreglering som kan tillämpas för alla individer.

Det är en mall att utgå ifrån när vi vill belysa individuella variationer. FRAMES kan från individ till individ variera mycket både på grund av genetiska förutsättningar och inlärning.

Låt mig göra en liknelse mellan rammodellen och tangenterna på ett piano för att beskriva harmoni och disharmoni.

Ett ackord på pianot kan klinga harmoniskt eller disharmoniskt.

En pianotangent kan sägas motsvara sinnesintryck. En tangent motsvara det fysiologiska jämviktstillståndet i kroppen.

En tredje tangent motsvara agerandet. En fjärde tangent motsvara tankarna. En femte tangent motsvara känslorna.

FRAMES-systemet som helhet kan fungera välklingande eller dissonant beroende på faktorernas samspel.

Om två individers subjektiva sanningar om en konflikt inte kan mötas, kan själsliga sår inombords ha saboterat konflikthanteringen.

Parterna kan ha olika erfarenheter av livet, olika sätt att tolka det som skett i konflikten.

Om parterna tillskriver varandra åsikter eller avsikter som inte stämmer med den andres åsikter kan det bli mycket svårt att reda i konflikten.

Selektiviteten i varseblivningen av den andre kan hindra effektiv kommunikation

Orden *betraktarens ögon* syftar på att sociala händelseförlopp kan tolkas utifrån helheten av all den dynamik som finns inom oss själva, både goda egenskaper och dysfunktionella FRAMES.

Vi kan helt enkelt se olika saker i samma händelseförlopp.

Det kan visserligen vara funktionellt att en annan individ framför allt lägga märke till sådant som vi tycker om, men det kan också vara funktionellt att framför allt lägga märke till sådant som vi är rädda för.

Individens upplevelser under de första åren i livet formar en upplevelse av livet, ett sätt att tänka som efterhand påverkar nya intryck.

Generationstillhörighet, sociala nätverk, omgivande kultur, utbildning, föreställningsförmåga, kroppsligt allmäntillstånd och dagsform kan färga betraktarens upplevelser.

Betraktande av det som händer liksom lyssnande till andra individer fungerar känslomässigt väljande.

Olika individer kan höra och lägger märke till olika detaljer i samma berättelser.

I konflikter och krig fungerar hjärntvätt med hjälp av propaganda därför att den är känslobaserad.

Jag har delat upp individens själ i FRAMES-linsens beståndsdelar. Se FRAMES-linsen nedan. Ordet individ kommer från latinets individuum med betydelsen *odelbar* (enskild, separat).

Själen är odelbar såtillvida att kroppsliga funktioner och upplevelser av sig själv utgör en helhet.

FRAMES-linsen:

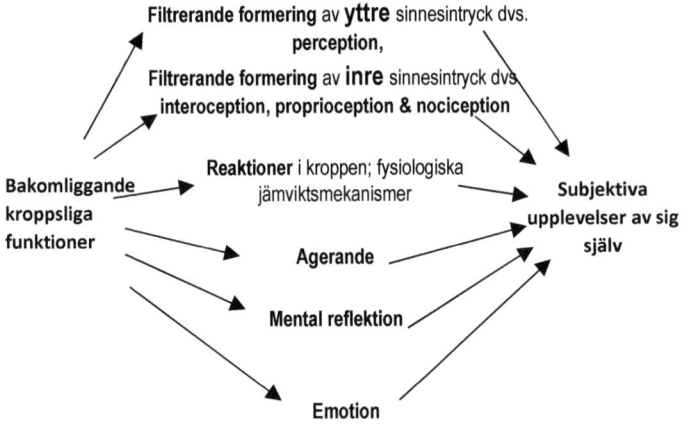

Två interagerande individer (A och B) påverkar ömsesidigt varandra och skapar tillsammans stämningen i paret.

I såväl behandlingsrelationer mellan klient och terapeut som vänskapsrelationer kan kommunikationsflödet hämmas om man tillskriver den andre egenskaper som hon/han inte har.

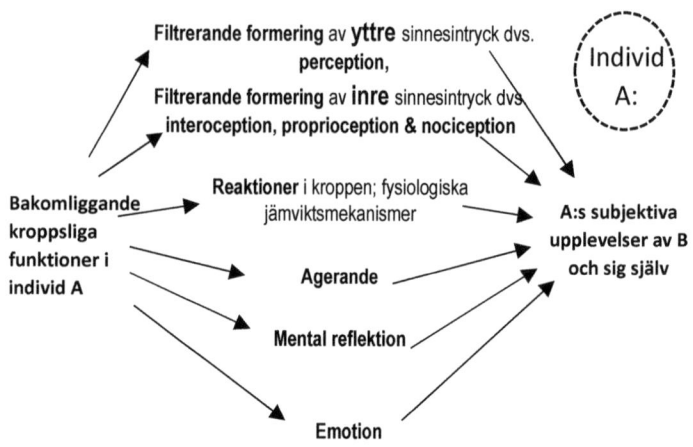

Relationen kan fungera tärande eller närande beroende på flödet i kommunikationen.

Både individ A och individ B kan uppleva partnern via projektiv identifikation särskilt när de är nyförälskade.

Projektiv identifikation kan också förvirra kommunikation mellan politiska motståndare.

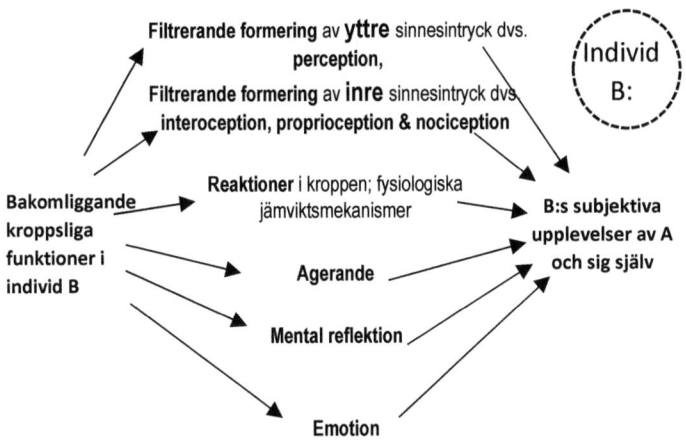

Individernas upplevelser i mänskliga relationer är känslostyrda och subjektiva.

Det innebär att vi också kan tillämpa rammodellen som referensram i relationsteoretiskt tänkande.

Förälskade par kan uppleva att de "går upp i varandra", att de är ett *vi*, samtidigt som de har var sin individuellt subjektiva upplevelse av relationen.

Projektion kan beskrivas som "på sig själv känner man andra".

Identifikation innebär att *införliva andras sätt* att vara och reagera, att ta över andras känslor.

Begreppet *projektiv identifikation* inom objekt-relationsteorin innebär en kombination av projektion och identifikation, att föra över egna avsikter på andra, vilket kan leda till förvirrade jag gränser.

Sverker Belin beskriver i sina föreläsningar om *Vansinnets makt* hur personal inom psykiatrin kan behöva hjälp i handledning att reflektera över vad som händer i personalens egen psykologi.

När personalen arbetar med komplext störda och/eller krisande patienter kan behandlings-relationen präglas av projektiv identifikation.

Genom att personalen bearbetar och förstår det som händer i den egna psykologin kan de stödja patienterna i att förstå liknande känslor i nära relationer.

I vår massmediala tid kan upplevelser av mediala kändisar resultera i starka positiva eller negativa känslor, idoldyrkan, besatthet eller hat.

FRAMES-översikterna (om individerna A och B) illustrerar massmediala mekanismer som kan ligga bakom näthat och samhällelig polarisering.

På individnivå kan man använda den psykologiska termen *splitting* för att beskriva fenomenet-

Citat från Donald Trumps tal i York, PA, den 19:e augusti 2024:

"They say that crooked Joe…. ovs…."

Vilka är they? Vem var det som myntade uttrycken crooked Joe, sleepy Joe m.fl. öknamn för att initiera mobbning?

Effekten av fake news och desinformationskampanjer kan leda till splittring i sociala nätverk.

När vuxna uppmärksammar en konflikt mellan elever kan man höra någon av de som bråkar säga "det var hans fel för det var han som började".

Politiska debattörer kan tillskriva motparten känslor som man själv har – till exempel skadeglädje när motståndaren får fel i en politisk tvistefråga.

Det är beklämmande att vid politiska konflikter höra vuxna politiker demonstrera lika mycket projektiv identifikation och omoget beteende som bråkande barn.

På gruppnivå kan vi prata om sektbildning. På samhällsnivå kan vi prata om splittrade kulturer.

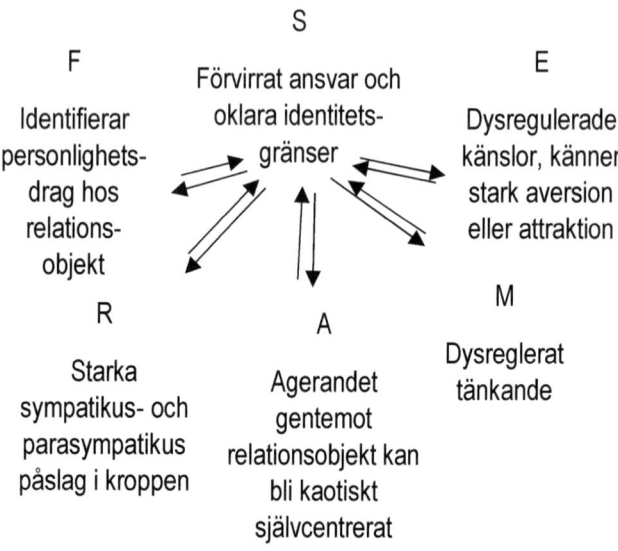

S

F
Förvirrat ansvar och
oklara identitets-
gränser

Identifierar
personlighets-
drag hos
relations-
objekt

E
Dysregulerade
känslor, känner
stark aversion
eller attraktion

R
Starka
sympatikus- och
parasympatikus
påslag i kroppen

A
Agerandet
gentemot
relationsobjekt kan
bli kaotiskt
självcentrerat

M
Dysreglerat
tänkande

Längre fram i boken har jag gjort fler analyser av sinnestillstånd som gestaltats enligt rammodellen.

Många själsliga problem, både på individnivå, grupp- och samhällsnivå kan förklaras som varianter av projektiv identifikation.

Beträffande ordet rascism vill jag hävda att gruppfördomar är en mer adekvat term eftersom det handlar om människor, och det finns bara en enda människoras, homo sapiens.

Elak ryktesspridning, konspirationsteorier, religiös och politisk fanatism, näthat, propaganda, falsk information och faktaresistens kan belysas som varianter av projektiv identifikation.

Om man gillar Putin tillskriver man honom gärna goda avsikter och rationellt agerande. Om man gillar Donald Trump tillskriver man honom goda avsikter och rationellt agerande.

Så kan väljande varseblivning (selektiv perception) fungera vid projektiv identifikation av starkt positiva eller negativa känslor i förhållande till politiska makthavare.

Om det blivit tabu att diskutera politik kan FRAMES dynamiken låsa sig och allt fler människor blir mindre autentiska.

Makthavaren kan tillskrivas egenskaper som kan ogillas av någon annan väljare i ett triangeldrama mellan makthavaren, en väljare som gillar makthavaren och en annan väljare som är motståndare till samma makthavare.

Fenomenet handlar om det dynamiskt instabila förhållandet mellan kropp, själ och föreställningar om verkligheten.

Under barns första levnadsår upplever barnet det som sinnena rapporterar till barnets hjärna samt sina och vårdnadshavarnas agerande.

Barnet upplever en helhet av sig själv, sina vårdnadshavare och sin övriga omgivning.

Kontakt med verkligheten handlar om att vara i kontakt med inre varseblivning av sin kropp, yttre varseblivning av omgivningen samt mental reflektion utifrån det som uppmärksammas i sinnessystemet (interoception och perception).

Många försäljare skapar osäkerhet hos potentiella köpare genom att uttrycka projektiv identifikation. T.ex. "du kommer att tycka om den". Jag frågar mig, hur kan försäljaren veta det?

Eller "den här produkten är *så mycket du*"; eller "because you´re worth it".

Att uppleva sin egen plats i tillvaron och trivas i sin egen kropp är enligt min mening det som livet går ut på.

Toxisk vit skam

Skuld och skamkänslor är i sig naturliga. De fyller en funktion i samhället. Men om skamkänslor har fått fäste i kroppen under unga år kan de fungera toxiskt och återkommande.

Giftiga skamkänslor kan integreras i vår självkänsla och skapa tankar om att vi själva inte är tillräckligt bra, inte "not good enough".

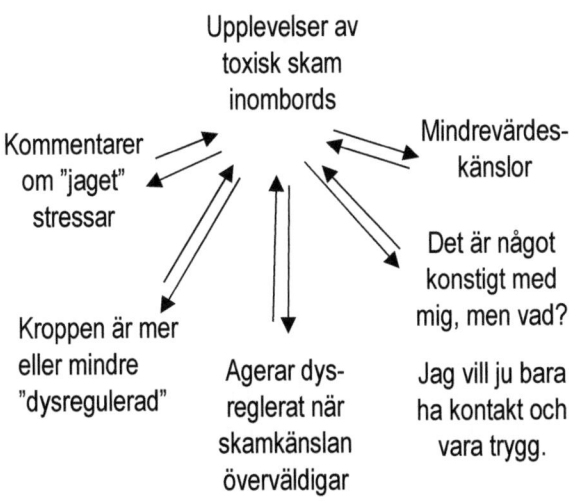

Upplevelser av
toxisk skam
inombords

Kommentarer
om "jaget"
stressar

Mindrevärdes-
känslor

Det är något
konstigt med
mig, men vad?

Kroppen är mer
eller mindre
"dysregulerad"

Agerar dys-
reglerat när
skamkänslan
överväldigar

Jag vill ju bara
ha kontakt och
vara trygg.

Ett välreglerat känsloliv innebär att kropps-funktioner fungerar tryggt balanserat.

73

Människans neurologiska funktioner kan bli störda under barnets första levnadsår och senare i livet bli till komplexa traumaupplevelser.

Toxisk skam processas automatiserat i omedvetna delar av hjärnan (vagusnervens förgreningar) som grundantaganden om sig själv i relation till andra, i selektiv varseblivning och konfirmation bias.

Om du skulle vilja avgifta dig själv från eventuell vit skam kan du frågasätta automatiserade föreställningar som exempelvis:

Du är på något sätt mindre värd; skammen beror på andra; jag är som jag är, det bara är så.

Men det är bara du själv som kan finna vägar att lära dig reglera dig själv i dina skamkänslor.

I medveten närvaro är det möjligt att komma i kontakt med minnen av händelseförlopp när kroppen varit överväldigad av skam.

Genom att stanna kvar i upplevelsen, lokalisera känslan i kroppen och finna avslappning här och nu kan skamkänslan bearbetas och successivt blekna.

Tvångssyndrom

På följande sidor har jag skissar en översikt över en psykologisk dynamik som jag lagt märke till hos många patienter och fortfarande hos mig själv, även om det nu är lindrigare.

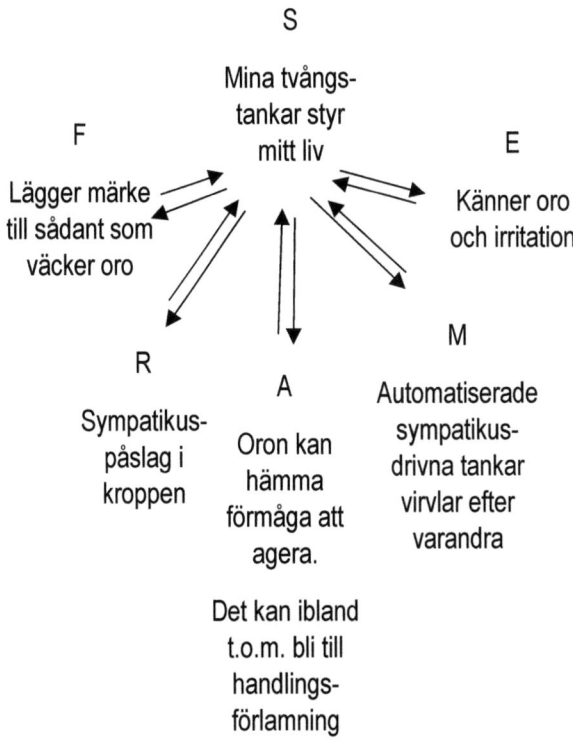

S

Mina tvångs-
tankar styr
mitt liv

F

Lägger märke
till sådant som
väcker oro

E

Känner oro
och irritation

R

Sympatikus-
påslag i
kroppen

A

Oron kan
hämma
förmåga att
agera.

M

Automatiserade
sympatikus-
drivna tankar
virvlar efter
varandra

Det kan ibland
t.o.m. bli till
handlings-
förlamning

Det blir en lättnad för någon som lever med tvångstankar, att lyckas finna någon kropplig akivitet som lindrar tvångsmässigheten i tänkandet, något som distraherar de oroliga tankarna.

Automatisering av det agerande som blir till en lättnad kan dock innebära etablering av tvångsbeteende.

Orsak och verkan samband

En komponent i tvångssyndrom är hanterande av ångest.

Enkelt uttryckt, tankar kan generera ångest, och ångest kan generera tankar. Detta cirkulära samband kan hålla igång den sociala rigiditet som tvångssyndrom kan innebära.

Denna mentala mekanism kan förklara att man fastnar i, och permanentar tankefällor. Omvänt kan nya tankar skapas i individens inre psykologiska tänkanderam om agerandet kan få styras av dennes varseblivning av sina verkliga omständigheter i stunden, här och nu.

Jag träffade till och från, på barn och ungdomshabiliteringen under ett år en tonårig ung kvinna som led av tvätt tvång.

Vi pratade om hennes hudproblem som hon fått av överdrivet tvättande av sina händer och om oro och stress i kroppen.

Efter cirka ett år sa hon till mig; Staffan, jag vet vad det är. Det är ångest.

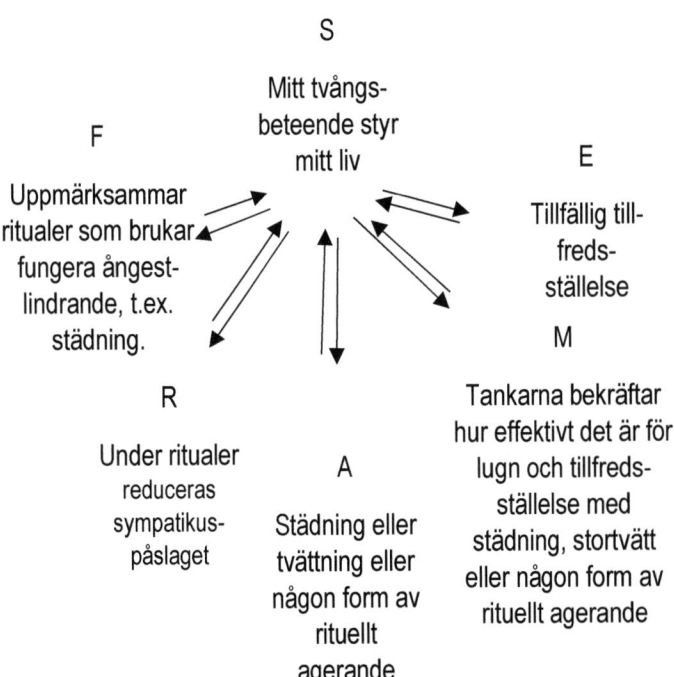

S

Mitt tvångs-
beteende styr
mitt liv

F

Uppmärksammar
ritualer som brukar
fungera ångest-
lindrande, t.ex.
städning.

E

Tillfällig till-
freds-
ställelse

M

R

Under ritualer
reduceras
sympatikus-
påslaget

A

Städning eller
tvättning eller
någon form av
rituellt
agerande

Tankarna bekräftar
hur effektivt det är för
lugn och tillfreds-
ställelse med
städning, stortvätt
eller någon form av
rituellt agerande

Hon hade blivit medveten om orsak och verkan sambanden mellan sin ångest, sina tvångstankar, sitt tvångsmässiga agerande och hur detta styrde hennes liv.

Buddismen förespråkar att släppa oroande tankar och istället fokusera sina sinnesintryck här och nu.

Buddismen förespråkar också stillsam långsam diafragmaandning.

Det kan göra det lättare att släppa tankar som dominerar och oroar.

Välvilja och motvilja

Relationer mellan människor kan präglas av många nyanser av känslor från kärlek till hat.

Det fysiologiska reflexsystem som aktiveras vid oro, rädsla eller hat (kamp, förstelning eller flykt) kallas märkligt nog *sympatikussystemet*.

Beteckningen på det sympatiska nervsystemet infördes enligt Psykologi-guiden av den danske anatomen Jacob Winslow (1686-1760) verksam i Paris, baserat på att man sedan antiken trodde att detta nervsystems uppgift var kommunikation mellan olika organ i kroppen.

Den motsatta delen av det autonoma, självständiga nervsystemet som aktiveras vid matsmältning, avslappning lugn och ro kallas *parasympatikussystemet*.

Människosläktet och andra djurs överlevnad har genom tiderna berott på ett väl fungerande centralt nervsystem (sinnesfunktioner och mentala reflektioner) men också på ett väl fungerande autonomt nervsystem d.v.s. upphetsning samt återhämtning, vila och avslappning.

I vår vardag reglerar det autonoma nervsystemet både kropp och själ.

Både individuellt subjektivt och i kontakt mellan individers själar har det autonoma nervsystemet en viktig funktion i att reglera FRAMES-funktionerna.

Välvilja och motvilja kan prägla relationer till andra personer, och inte minst relationen till sig själv.

Hjärnan är sambandscentralen för allt som sker i kroppen och själen i en viss tidpunkt.

Vi behöver vara generösa också mot oss själva, förlåtande inför egna tillkortakommanden.

Vi kan förstå oss själv bättre genom ökad medvetenhet om vår psykologi, vårt själsliv.

Min självkritiska hållning har ibland tjänat mig väl och i långa loppet skadat min självkänsla. Det blev tydligt när jag under gestaltterapeututbildningen gjorde en övning med mig själv som klient.

Jag placerade mig i två motstående stolar. I den ena satt självkritiska Staffan och i den andra satt den nedstämde hösäcken Staffan.

Jag såg omedelbart att de olika Staffangestalterna förutsatta varandra. Utan den självkritiska Staffan hade den nedstämde Staffan troligen inte funnits.

Utan den nedstämde Staffan hade den självkritiska Staffan kanske inte funnits.

Mimik och kroppsspråk reglerar intersubjektiva relationer. Vagusnervens ventrala förgreningar till ansiktsmimik kan förklara människans behov av trygg anknytning och socialt engagemang.

Det ultimata syftet med människors kulturer är tillit mellan människor och att hjälpas åt att ha tillgång på mat och dryck på bordet även mellan skördetider.

Det finns många exempel på människors kreativitet för att förvara föda:

Torka eller salta kött och fisk; bevara mjölkprodukter i form av smör och ost. Jäsning av vindruvor eller jäsning av sädeskorn till öl.

Andra exempel är fermentering av födoämnen när tillgången är riklig, som syrning av kålhuvuden till surkål, strömming till surströmming, syrning av deg till surdegsbröd osv.

En aspekt på mänsklig kultur är smakupplevelser och umgänge vid matbordet. Jag är uppvuxen i Norrbotten och har positiva erfarenheter av att äta surströmming. Jag har inte blivit sjuk efter att ha ätit surströmming trots att den i mångas tycke luktar illa. För mig är det fest och positiva smakupplevelser.

Smakupplevelser är paradexempel på upplevelser av subjektiva sanningar.

Man kan inte övertala någon om att surkål eller surströmming är gott, objektivt sett. Man kan förstås på sociologisk nivå undersöka subjektiva sanningar om smakupplevelser.

Objektivt sett är det lättare att forska på hur nyttig fermenterad mat är för människokroppen.

Subjektiva känslor för olika mat, musik, politiska system, religion m.fl. värderingar är subjektiva sanningar som kan väcka motvilja eller gillande i varierande grad.

Subjektiva sanningar handlar om känslor som skapas av hela FRAMES-dynamiken, inte minst yttre och inre varseblivning.

Yttre omständigheter tillsammans med kroppsliga och själsliga omständigheter är avgörande när två personer blir förälskade i varandra.

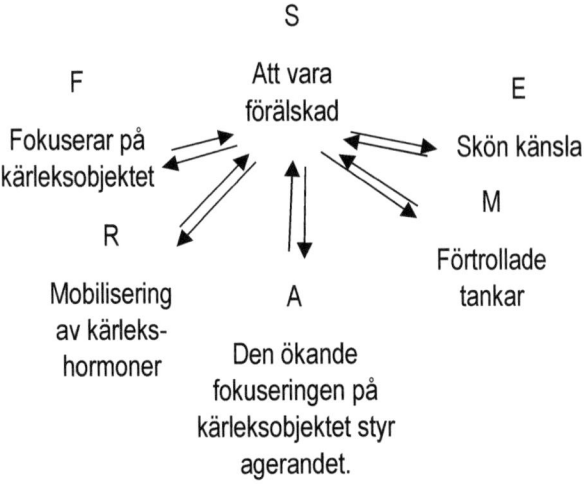

Olycklig kärlek kan bero att anknytningsagerandet hos ena eller båda parter är dysreglerat.

Det finns ett samhälleligt tryck på att bilda familj och få barn. Trycket är kanske kopplat till arv, inte bara av släktets gener, många gånger troligen också kopplat till arv av egendom.

Drömmen om att finna "den rätte" och leva lycklig alla sina dagar har beskrivits i romaner och har genomsyrat vår kultur.

Samtidigt ökar problem med ångest och depression och allt fler människor förespråkar fördelarna med att leva singel.

Frågan om förälskelser kan utvecklas till mogen kärlek är svår att få svar på.

Engagemang, tillit och positivt agerande gentemot varandra är viktiga komponenter i framväxande mogen kärlek.

Intersubjektiva relationer är svåra att beskriva och prognosticera.

John Gottman har tillsammans med Bob Levinson i sin forskning kunnat förutsäga skilsmässor med nästan 90 % säkerhet genom att studera konflikthantering i paret.

Det är en dålig öppning att börja samtal om konfliktladdade frågor och kritisera partnern.

Anklagelser om den andres personlighet, förolämpningar, försvarsattityd när den andre framför önskningar om förändring, att fysiskt eller psykiskt lämna situationen låser processen under konflikthanteringen.

Följande faktorer gynnar utveckling av kärleksrelationen; att uttrycka sig i *jag-budskap* istället för *du-budskap*, att ta personligt ansvar för sin del i konflikten, vänlighet när problem tas upp, känsla för humor och att stanna kvar i problemlösningsdiskussionen.

Det är dumt att gräla, risken är att man blir riktigt arg. När man är väldigt upprörd blir tunnelseende och lyssnarfilter extra begränsande av problemlösningsförmågan

Forskarna fann att kroppsliga reaktioner, kampflykt- eller frysning (stonewalling) korrelerade med risk för skilsmässa.

John Gottman har tillsammans med Bob Levinson funnit en kvot mellan positiv och negativ feedback inom samlevande par.

De fann en brytpunkt vid fem till ett. Med andra ord att det behövs fem gånger så många *positiva* upplevelser av partnern för att parrelationen ska bestå.

Genom att öka medvetenhet om sig själv och sina relationer, genom att lära sig reglera sig själv och att gemensamt värna om uppmuntrande kommunikation inom parrelationer ökar sannolikheten att intersubjektiva relationer ska bestå.

John och Julie Gottman driver nu ett institut där de hjälper par att hantera sina konflikter med ömsesidig, vänlig nyfikenhet, bekräftelser av varandra och ökad förståelse för varandras djupare livsfrågor.

Att förlåta

Det norska ordet *forlate* betyder *lämna* på svenska. Det finns kanske en gemensam bakgrund i den fornnordiska språkgemenskapen som handlar om förlåtelse (att lämna misstro/negativitet).

När vi bär på oförrätter, särskilt sådana som skett tidigt i livet, kan det forma vår syn på oss själva och på andra. Det påverkar våra relationer, vår självbild och vår känsla av trygghet. Förlåtelse handlar därför inte bara om den andra personen, utan också – och kanske framför allt – om oss själva.

Under mitt arbete som psykolog har jag mött många människor som burit på smärta från tidigare relationer – ibland från föräldrar, ibland från partners, vänner eller arbetskamrater. Ibland visade det sig att den största svårigheten låg i att förlåta sig själv.

Att förlåta är inte ett beslut man tar en gång och sedan är det klart. Det är en process – ibland långsam, ibland överraskande snabb. Det kan börja med en liten insikt: "Det här påverkar mig mer än jag vill". Eller: "Jag vill inte att detta ska styra mitt liv längre".

Det är en konst att i nutid släppa tankar om något som sårat i dåtid, särskilt om sådana tankar aktiverats av kroppsminnen av skam eller skuld-känslor.

Men förlåtelse kan bli till en lättnad både för den som förlåter och den som blir förlåten. Det handlar inte bara om rättvisa utan om upplevelser av sig själv.

Det som varit behöver inte spoliera det som är nu. Förlåtelse kan leda till ökad självkännedom.

En viktig del i att förlåta sig själv och andra är att förstå och ta ansvar för sin del när konflikter utvecklas. (se Gottman, J. *Sju gyllene regler för en lycklig kärleksrelation.*

John Gottman har i sin forskning kunnat konstatera att det behövs 5 positiva upplevelser av partnern för att väga upp varje negativ upplevelse av sig själv i relation till partnern.

Om du haft jobbiga upplevelser där du känt dig stressad, skamfylld, rädd eller känt skuld har sannolikt hela själen varit involverad.

Förhöjd hjärtklappning, spända muskler, ökad vaksamhet, sympatikuspåslag i kroppen, osäkerhet över sitt agerande, svårigheter att tänka klart och obehagskänslor.

Minnen av sådana upplevelser kan påverka senare upplevelser och relationer till andra personer som varit inblandade i upplevelsen.

Kanhända de andra också upplevde att händelsen var jobbig.

Andra personer som upplever mitt agerande har sina självupplevelser.

Därför är det viktigt att ta ansvar för *hur jag tolkar den andres agerande.*

Eftersom våra relationer är så viktiga för hur vi upplever livet behöver vi, inte minst för vårt eget mående, bädda för att gamla sår i vår självkänsla ska få chansen att läka.

Vi själva och våra relationer mår bättre av det.

Civilsamhället har mer och mer tagit över religion och religiösa ledares roll att bestämma vad som är rätt och vad som är fel.

Psykologiska och moraliska frågor läggs allt mer på sekulära ledare och på varje individ.

Det innebär att individernas egna moraliska kompass är viktig för att sociala nätverk ska kunna fungera bra och skapa trygghet.

Jag lämnar ifrån mig min egen förmåga till själslig utveckling om jag förväntar mig att andra ska be mig om förlåtelse för att jag känt mig kränkt på grund av något som hänt oss emellan.

Gamla själsliga sår involverar minnen av händelser i omgivningen, känslor i kroppen och tankar som kom efter händelserna.

För att verkligen föråta andra som sårat behöver vi räkna med vår egen selektiva perception i nutid.

———

Nu när jag börjar förstå varifrån min toxiska skam kommer har jag med större ro i kroppen kunnat minnas sociala situationer när jag känt extra stark skam i min kropp.

När jag tillsammans med de andra barnen i söndagsskolan reciterar bönen "Fader vår", och rituellt bad Gud om förlåtelse för mina synder förstod jag inte vad bönen handlade om.

Kristna syftar troligen på att de kan ha syndat inför Jesus´ Gud i största allmänhet, även om de inte specifikt tänker på någon speciell synd. Att specificera sina synder är en förutsättning för att kunna ta ansvar och bättra sig.

Det är inte okey att upprepa samma synd om och om igen.

Kyrkoherden läste i söndagsskolan syndabekännelsen "Jag fattig syndig människa bekänner inför dig, helige och rättfärdige Gud, att jag som född med synd, på många sätt har brutit mot dig.

Jag har inte älskat dig över allting och inte min nästa så som mig själv. Mot dig och dina bud har jag syndat med tankar, ord och gärningar. Jag är värd att förkastas från ditt ansikte".

Då tänkte jag, att det kanske stämde när det gällde att jag var fattig, men inte att jag syndat inför Gud i "tankar, ord eller gärningar". Det gjorde att jag hade svårt att identifiera mig i den bekännelsen.

Guds krav på att patriarken Abraham skulle vara beredd att offra sin son Isak som brännoffer på ett altare (Första Mosebok) för att visa sin obrottsliga lojalitet till Gud, bidrog till att jag nu är ateist.

Jag har tyckt att jag i ärlighetens namn inte haft något annat val.

Jag är så klart präglad både av den svenska kristna kulturen och den svenska sekulära kulturen som jag vuxit upp i.

Jag ser det som så, att minnet av Jesus´ läror lever kvar och präglar nya testamentet.

Jag kom aldrig att älska Gud när jag var liten, möjligen *frukta* Gud eftersom Guds krav på

Abraham och hotet mot Abrahams son var så grymt.

I söndagsskolan fick vi lära oss att Gud skapade människan till sin avbild.

Jag tror att mänskliga kulturer har skapat gudar genom projektiv identifikation, och givit dem mänskliga drag som sammanhållande kitt mellan de människor som gemensamt skapar gudarna.

En psykologisk mekanism som kan ha bidragit till skapelseberättelser jorden runt är *pareidoli*. Den inebär att vi människor kan uppfatta mönster i vaga eller slumpmässiga visuella stimuli, t.ex. ansikten i molnformationer.

Inom psykologin skiljer man mellan skuld och skam. Skuld går att specificera och be om förlåtelse för.

Social skam går inte att specificera på samma sätt.

Att känna skam handlar om att *vara* fel, vara *oönskad*, känna sig *oälskad* även om man inte *gör* fel.

I dagens läge känner jag att jag håller på att avgifta mig från skamdrivet självprat, skamdriven väljande varseblivning i kombination med mitt högkänsliga varseblivningssystem och lättväckta stressreflexer.

Jag vill förlåta mig själv om jag i mina toxiska skamkänslor varit försvarsinställd mot andra.

Att förlåta (lämna) upplevelser av mig själv behöver inte innebära att glömma, bara att ersätta kroppsminnen av skuld eller skamkänslor med känslan att jag accepterar mig själv.

Jag vet att jag många gånger tänkt att det verkar som jag inte har några problem att förlåta andra för deras misstag. Men jag har mycket svårt att förlåta mig själv för mina misstag.

För några veckor sen vaknade jag med Roberta Flacks sång "Killing me softly" ringande i öronen.

Härom dan, när jag på internet läste en definition av Complex Trauma i *Tim Fletchers sajt "60 vanliga fenomen efter tidiga känslomässiga trauman"*, var det som att Tim Fletcher was telling my whole life with his words, killing me softly.

Tim ville gestalta tanke fällan: "När andra personer gör misstag, har vi lätt att förlåta. Men det gäller inte hur vi hanterar oss själva.

När vi gör misstag känner vi ett behov av att straffa oss själva (min kursivering).
Vi är vänliga mot andra människor och kan ha låga krav på dem.
Men när det gäller oss själva sätter vi orimliga krav som aldrig kan uppnås.

93

Vi tror att andra människor förtjänar att bli vänligt bemötta, men inte vi".

Min självkritiska inställning, mitt samvete, blev tidigt så strängt att giftig skamkänslor utvecklades i min kropp.
När jag var liten hade jag inte tillräckligt perspektiv på livet för att kunna trösta och förlåta mig själv.

Jag är nu på väg att göra mig fri från toxiskt skamdrivna grundantaganden om mig själv från min barndom.
Jag börjar acceptera mig själv och min kropp som förut varit "impregnerad" av toxiska vita skamkänslor.

Medveten närvaro

Många psykiska problem beror på att vi tänker oss in i och grubblar över oroande problemställningar. Det innebär att *sinnesupplevelser* här och nu kan få för litet utrymme i helheten av oss.

Om vi ger oss tid att vara medvetet närvarande i våra sinnesupplevelser kan vi minska risken för abstrakta tankefällor.

Kurser i mindfulness har blivit allt vanligare i Sverige. Ett genomgripande tema i dessa kurser är att välja *fokusering här och nu via sinnessystemet*.

Jag föredrar termen "medveten närvaro" före termen "mindfulness" av samma skäl som jag gillar uttrycket "loose your mind and come to your senses".

Mina sinnen kan hjälpa mig att leva i en föränderlig värld och en föränderlig själ. Min upplevelse av mig själv innefattar hela min rammodell.

Egentligen kan vi med målmedveten träning öva oss i att vara medvetet närvarande i de flesta vardagsaktiviteter; när vi äter, när vi promenerar, när vi kelar med en hund eller en katt, när vi förundras över en fascinerande utsikt o.s.v.

Medveten närvaro innebär att vara medvetet närvarande i sig själv.

Hur känns min kropp? Är det någon del av kroppen som är i förgrunden av min medvetenhet?

Jag menar att i trygg medveten närvaro ska medvetenheten kunna svepa fritt i omgivningen och i kroppen.

I översikten nedan har jag gjort en FRAMES-analys av komponenter i avslappnad meditation:

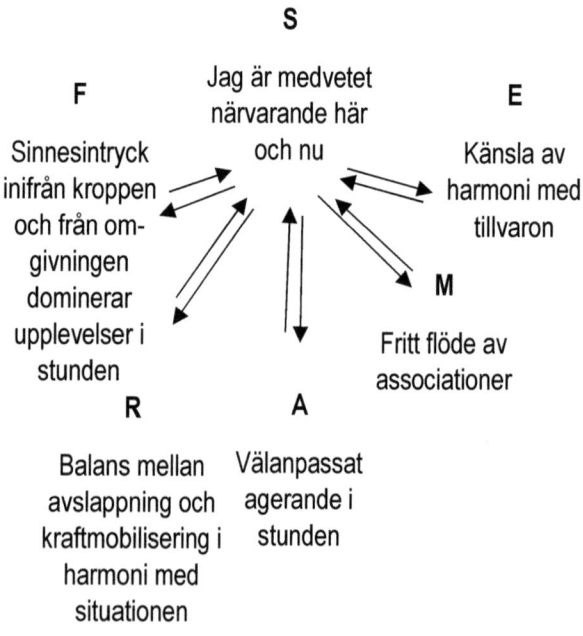

S

F
Sinnesintryck
inifrån kroppen
och från om-
givningen
dominerar
upplevelser i
stunden

Jag är medvetet
närvarande här
och nu

E
Känsla av
harmoni med
tillvaron

M
Fritt flöde av
associationer

R
Balans mellan
avslappning och
kraftmobilisering i
harmoni med
situationen

A
Välanpassat
agerande i
stunden

Det är värdefullt att prioritera fokus via sinnes-apparaten, i medveten närvaro här och nu. På så sätt kan man välja bort eventuella tankar om något från det förflutna eller tankar om något som eventuellt kan ske i framtiden.

I min nuvarande livssituation väljer jag ofta att se budistiska dialoger på Youtube. T.ex. Why Everything Happens for a reason/ The Answer from Buddist (Moon Mind Temple).

Jag brukar välja att notera de tankar som eventuellt dyker upp för att kunna släppa och vända tillbaka till den sinnliga närvaron. Om tankarna innebär en ny insikt kan jag bara tacka och ta emot.

Jag har kunnat medvetet undersöka vad som händer i kroppen om skamdrivna minnen invaderar mig.

Det har hjälpt mig att successivt börja avgifta mig från giftiga skamkänslor som väcker avsmak inför mig själv.

Det har fungerat för mig personligen, sannolikt därför att jag integrerat FRAMES-begreppen sedan många år.

Det har varit en slags fobiträning under medveten närvaro.

Genom att målmedvetet samtidigt minnas skamfyllda händelseförlopp och fokusera avslappning i kroppen har jag ökat min medvetenhet om hur och var i kroppen skammen sitter.

Nu, när den giftiga skammen är avlarmad och jag kan släppa min försvarsberedskap, känner jag mig lättad ända in i själen.

I en terapisituation är det viktigt att både terapeut och klient är medvetet närvarande.

Terapeuten behöver vara uppmärksam på klientens kroppsspråk, ordval, tonläge och tonfall, samt klientens val av fokus i sin berättelse.

Vit skam syns som regel inte på utsidan. Därför är det viktigt att klienten är uppriktigt närvarande med hela sig själv.

Efter en första psykoedukation om FRAMES-modellen kan det bli lättare för både klienten och terapeuten att gemensamt vara medvetet närvarande i terapiprocessen.

En *assisterad* självreflektion kan göra det möjligt att lösa upp och forma om automatiserade dysfunktionella delar av FRAMES.

Terapeuten kan hjälpa klienten att stanna upp, reflektera och skapa en mer harmonisk dynamik mellan kropp och själ.

Detta i sin tur beror på hjärnans formbarhet (plasticitet) d.v.s. anpassningsförmåga i sin egen dynamik.

Att förlåta mig själv och andra behöver inte innebära att glömma händelseförlopp men förhoppningsvis att kunna lära mig, i min strävan att uppnå ökad självförståelse.

Sammanfattning

Brunswiks linsmodell blev min utgångspunkt i skapandet av min rammodell.

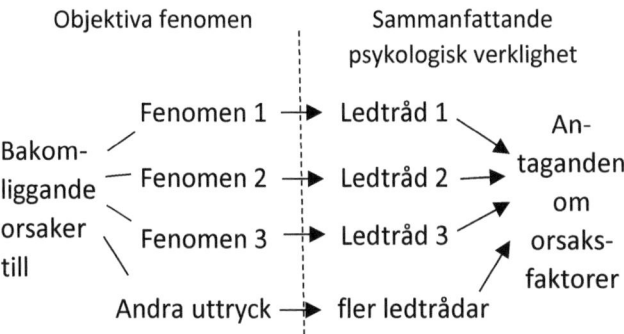

Den dynamiska behavioristiska rammodellen växte fram under mina år som psykolog på en ungdomsmottagning.

I terapiarbetet var jag först frustrerad över att varken objektrelationsteori eller KBT-tänkande passade riktigt bra som teoretisk referensram i mina samtal med ungdomarna.

Men eftersom jag allt sedan tiden vid universitetet haft linsmodellen i bakhuvudet, och senare under åren som skolpsykolog kom i kontakt med John Steinbergs undervisning om aktiva värderingar, fick

jag en idé om hur jag skulle kunna skapa en tanke-
karta över människans själsliv.

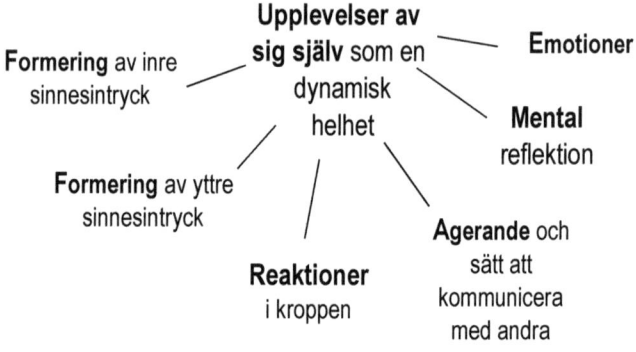

Brunswiks linsmodell tillämpad som FRAMES-
analys:

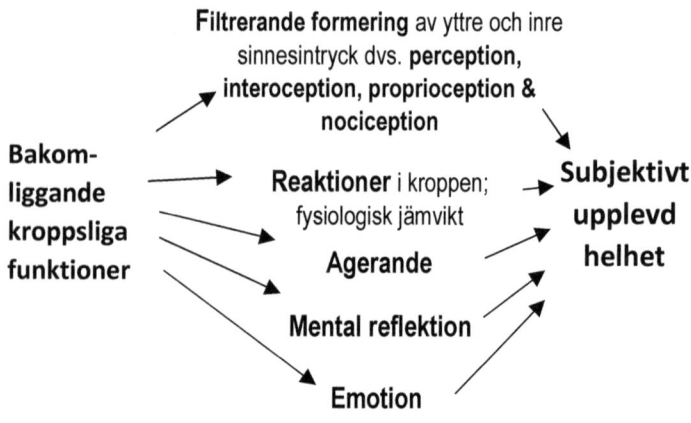

FRAMES-linsen visar dynamiska kroppsliga funktioner inklusive interoception, perception och nociception.

På den högra, subjektiva sidan representeras individens subjektiva tolkningar av de upplevda händelseförloppen i kroppen och omgivningen.

En del patienter uppskattar psykoterapi som karaktäriseras av strukturerad ny inlärning (som i KBT), andra tycker bäst om dynamiska sokratiska samtal. FRAMES-modellen gör det möjligt att växla mellan båda sätten.

FRAMES-modellen likställer *kroppslig verklighet* med *subjektiv verklighet.*

Existentiella frågor handlar ofta om mysteriet med medvetande. Om jag är ute och går, hur kommer det sig att jag är medveten om att jag gör det?

Om jag är mätt, hur kommer det sig att jag är medveten om det?

Många beteendevetare och filosofer har engagerat sig i mysteriet med medvetande.

Konflikten mellan objektrelationsteoretiker och beteendevetare handlar om den positivistiska vetenskapssynen. Går det att mäta och forska på begrepp som själ och medvetande?

Kan det vara så,

– att FRAMES-funktioner behöver aktiveras, för att vi ska bli medvetna om en specifik funktion i oss själva?

– att det är först när vi agerar som vi är medvetna om att vi agerar?

– att det är först när vi upplever nervsignaler inifrån kroppen som vi är medvetna om motsvarande känslor i kroppen?

– att det är först när vi upplever sinnesintryck från omgivningen som vi är medvetna om betingelser som vi befinner oss i?

– att det är först när vi reflekterar mentalt som vi är medvetna om innehållet i reflektionerna?

– att det är vi själva som kan ta ansvaret för att förstå oss själva?

– att det bara är jag själv som verkligen kan berätta hur jag mår eftersom det bara är jag själv som kan veta vad jag känner och vill.

– att det bara är jag själv som kan berätta hur jag nu uppfattar, och tidigare har upplevt mina livsomständigheter.

– att vare sig jag har, eller har haft psykiskt, somatiskt eller socialt lidande så är det bara är jag själv som i varje stund kan svara för mig själv inför mig själv och andra.

Jag behöver både medvetande om och omsorg om mig själv.

Sinnesstämning, bra eller dåligt humör, sorg, depression eller upprymdhet påverkar våra känslor.

FRAMES gestaltas olika beroende på vilken sinnesstämning jag är i.

Min sinnesstämning kan avgöra vad jag önskar mig, vad jag vill och inte vill.

Mitt viljeliv formar vad jag lägger märke till, formar mina medvetna tankar, formar mina medvetna känslor och mitt medvetna agerande.

I vardagslivet vedermödor kan vi välja vad vi lägger märke till och hur vi tolkar det vi lägger märke till.

Vi kan också välja hur vi agerar och vad vi *lägger på minnet.*

Följande frågor om FRAMES kan ställas i vilken ordningsföljd som helst:

Vad händer i omgivningen och inombords?

Vad lägger jag märke till?

Kroppsliga behov och autonoma reaktioner?

Mitt agerande?

Min tankar?

Vilka känslor har jag?

Hur har jag det med mig själv här och nu?

Min rammodell för analys av kroppslig och själslig dynamik

Alla FRAMES-faktorer integreras dynamiskt i vårt mående, vårt välbefinnande.

Referenser

Aron, E.N. (2017) *Den högkänsliga människan.* Egia förlag.

Baldwin, A.L. (1967) *Theories of Child Development.* A Wiley International Edition.

Belin, S. (2020) *Relation före Metod.* Dualis.

Brehmer, B. & Garpebring, S. *Social pressure and policy change in the "lens model", interpesonal conflict paradigm.* Scand. J. Psychology., 1974, 15, 191-196.

Buddhism, *Let The Universe Decide for You.* Buddhist Teachings. Youtube.

Colby, A.& Kohlberg, L. (1987) *The Measurement of Moral Judgment.* Cambridge University Press.

Cullberg Weston, M. (2008) *Från skam till självrespekt.* Natur & Kultur.

De Botton, A. (2017) *Kärlekens väg.* Volante.

Feldman, L. (2018) *Cultivating Wisdom: the Power Of Mood* / TEDxTalks You Tube.

Fletcher, T. *60 Characteristics of Complex Trauma.* You Tube.

Garpebring, S. (2014) *Stressreflexer och tankefällor*. Nomen Förlag.

Garpebring, S. (2016) *Fokus och Bakgrund.* Books on Demand.

Garpebring, S. (2018) *En psykologisk Rammodell.* Books on Demand – En reviderad version av FRAME: S en psykologisk rammodell (2004).

Garpebring, S. (2020) *Identitet inifrån – Upplevelser av sig själv.* Books on Demand.

Garpebring, S. (2020) *Var sin psykologi – Om individualitet i relationer.* Books on Demand

Garpebring, S. (2021) *Vetande om sig själv.* Books on Demand.

Garpebring, S. (2023) *Vetande om sig själv och om psykologi som vetenskap.* Books on Demand.

Garpebring, S. (2024) *En teori om själen*. Books on Demand.

Garpebring, S. (2024) *Mysteriet med medvetande.* Books on Demand.

Gottman, J. (2022) *Sju gyllene regler för en lycklig kärleksrelation.* Natur & Kultur.

Hansen, A. (2016) Hjärnstark. *Fitnessförlaget.*

Harari, Y. N. (2017) Homo Deus. Natur & Kultur. Ljudbok.

Hendricks, G. & K. (1995) Kroppens egen intelligens. *Svenska Dagbladets Förlags AB.*

Lejonöga, C. & Lilja Ljung, A. (2018) Leva nu: om trauma & dissociation. Recito Förlag.

Li, W. (2019) Eat to beat disease. Grand Central Publishing.

Malmström, C. (2003) *Stress i Psykosomatik.* www.medicallink.se

Psykologiguiden.se Natur och Kultur.

Solms, M. (2021) *The Source of Consciousness.* YouTube – The Royal Institution.

Seth, A. (2017) The *Neuroscience of Consciousness. Level/ Content/ Self*. YouTube – The Royal Institution.

Teahan, P. (2022) *How to Figure Out Your Childhood Trauma Triggers*. You Tube.

Tomm, K. (2000) *Systemisk intervjumetodik.* Bokförlaget Mareld.